Einsterns Schwester

leicht gemacht

2

Themenheft 1

⭐ Sprachgebrauch und Sprache
untersuchen und reflektieren

Herausgegeben von
Roland Bauer, Jutta Maurach

Erarbeitet von
Roland Bauer, Jutta Maurach, Martina Schramm

In Zusammenarbeit mit
der Redaktion Grundschule Deutsch 2–4

Cornelsen

Inhaltsverzeichnis

Ich bin Lola und helfe dir mit Profitipps.

So kannst du mit den Heften arbeiten

Du machst alle
Seiten der Lernportion 1.

Zuerst im
grünen Heft.

Dann im
roten Heft.

Dann im
gelben Heft.

Und dann im
blauen Heft.

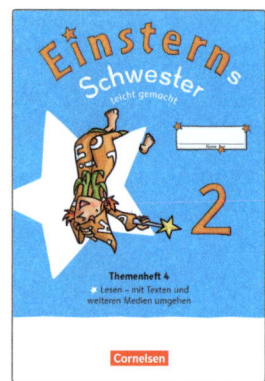

Danach machst du in
allen Heften die Lernportion 2.

Nun machst du in
allen Heften die Lernportion 3.

Genauso bearbeitest du
alle anderen Lernportionen.

In diesem Heft
kannst du den
Grundwortschatz
vertiefend üben.

(1) Schreibe die Namen der Kinder in die Tabelle.

| Lisa | Max | Niko | Nina | Tim | Elif | Sofie | Juri |

Mädchen	Jungen
Lisa	

(2) Schreibe deinen Namen in die Tabelle aus (1).

1 Nomen für Menschen kennenlernen

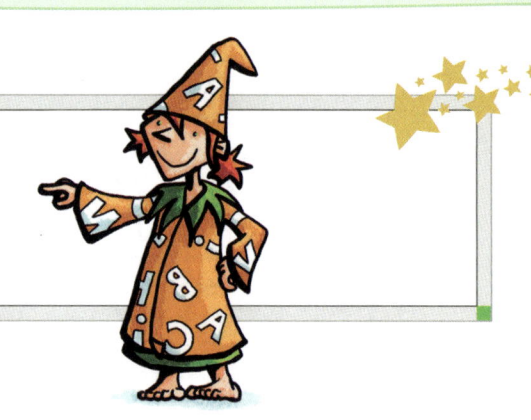

Wörter für **Menschen** sind **Nomen**.
Ich schreibe sie groß:
Mama, Papa.

① Trage die Nomen für Menschen unten ein.

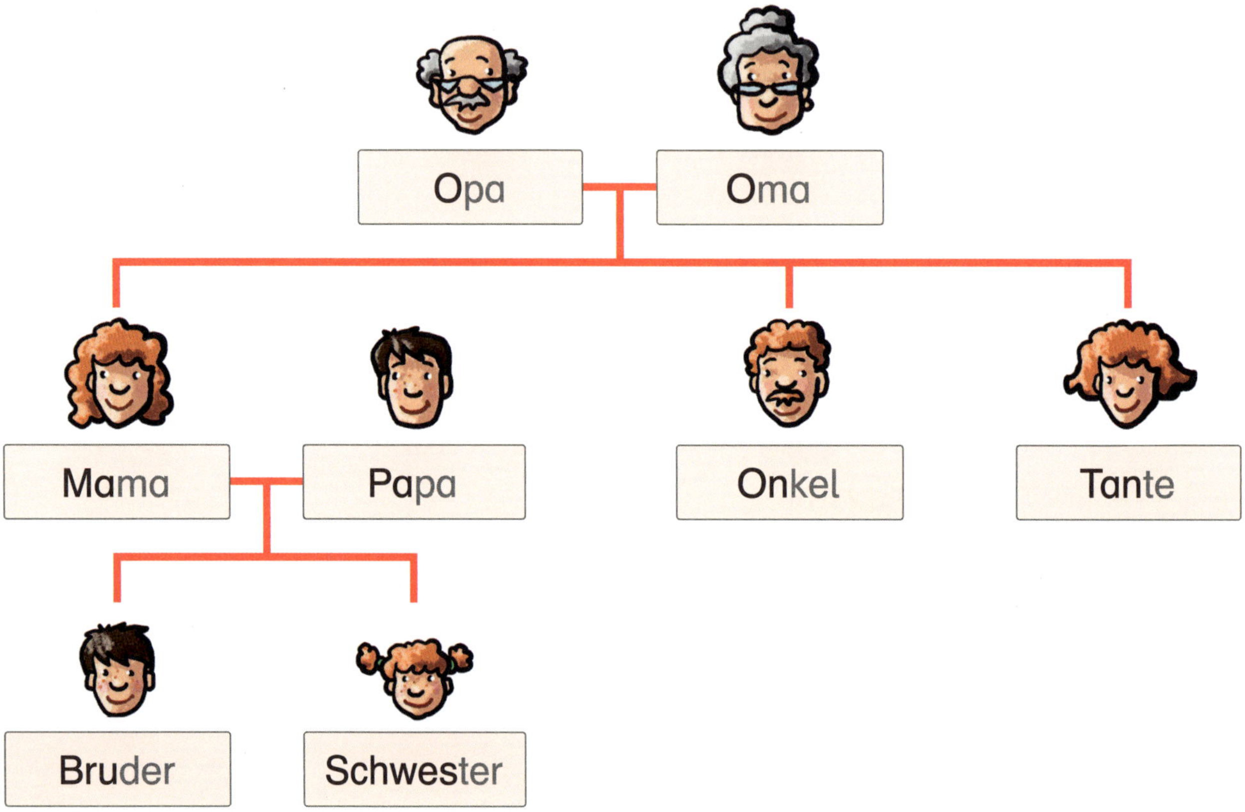

Opa
Oma
Mama
Papa
Onkel
Tante
Bruder
Schwester

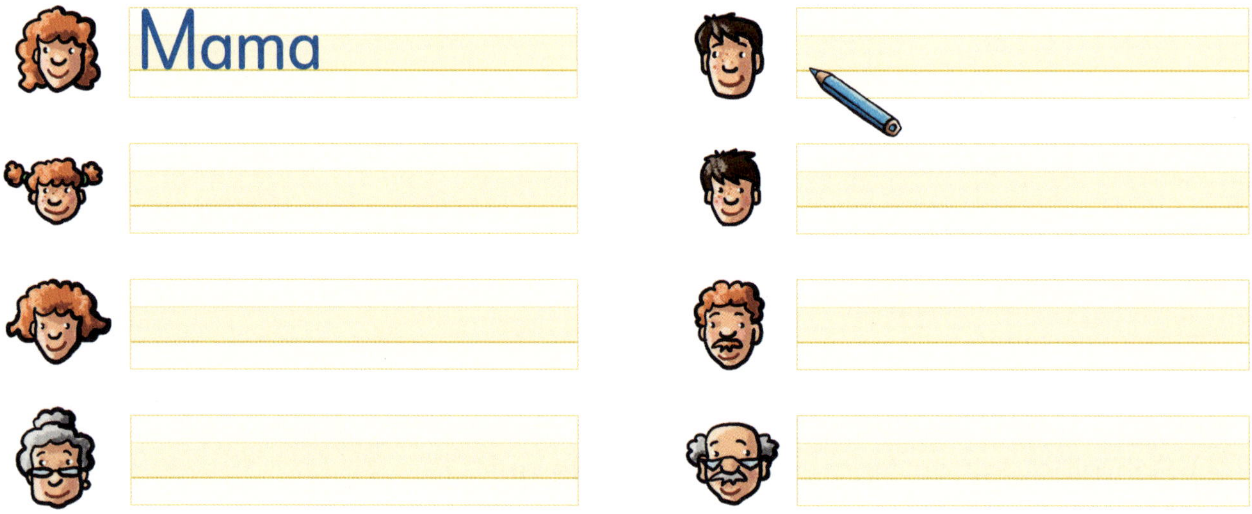

Mama

Nomen für Menschen schreiben

(1) Schreibe zu jedem Bild das Nomen.

~~Fahrerin~~	Verkäuferin	Frisör	Lehrerin
Bäcker	Ärztin	Koch	Bauer

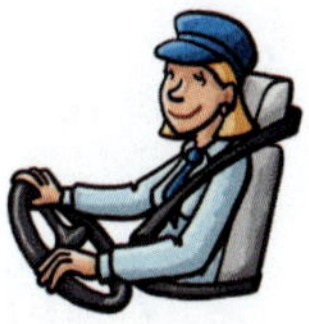

Fahrerin

Die weibliche Form
hat meist die Endung **in**.

MK-Tipp: weitere Berufe mit Hilfe einer Kindersuchmaschine finden

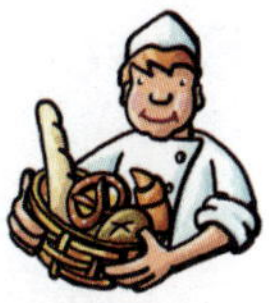

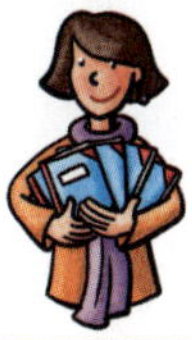

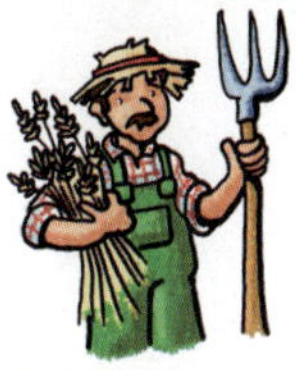

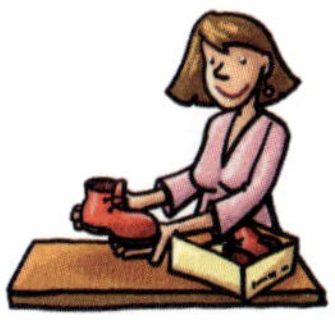

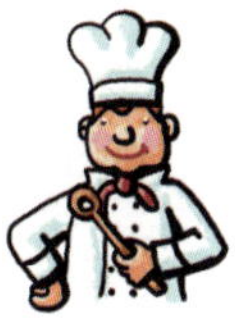

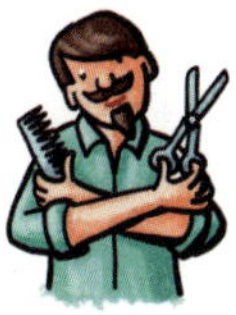

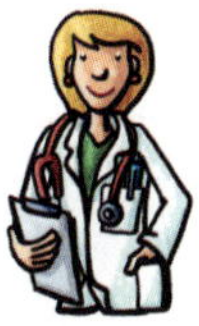

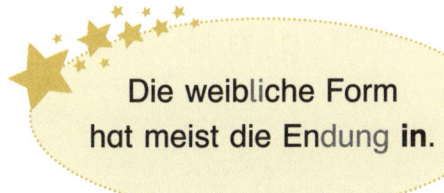

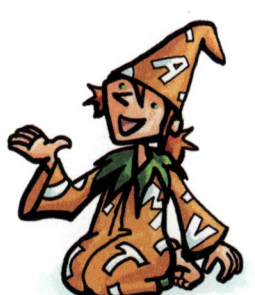

> Wörter für **Tiere** sind **Nomen**.
> Ich schreibe sie groß:
> <u>A</u>meise, <u>F</u>isch.

1 Verbinde. Schreibe die Nomen.

 Am	ge	**Amsel**
 Flie	we	
 Mö	sel	
 Nas	ze	
 Spin	horn	
 Kat	ne	

2 Finde fünf Nomen. Schreibe sie auf.

W u r m **K** u h **S** c h l a n g e **F** i s c h **P** o n y

Wurm,

1 Schreibe nur die Nomen für Tiere ab.

| Esel | Bauer | Ente | Elefant | Biene | Ameise |

Esel,

2 Setze die Nomen für Tiere ein.

| Käfer | Vogel | Hase | ~~Katze~~ | Löwe | Fisch |

Die **Katze** jagt Mäuse.

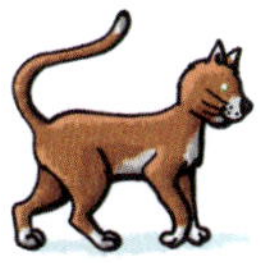

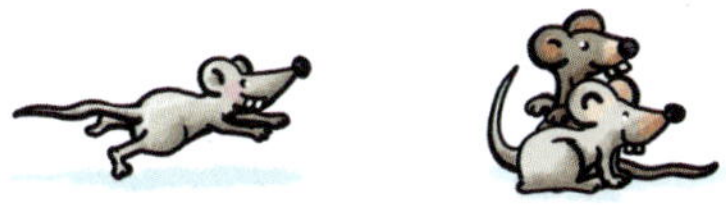

Der 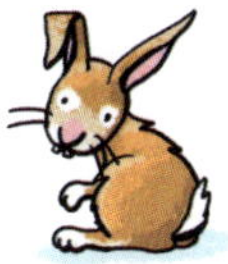 _____ hat lange Ohren.

Der _____ schwimmt im Wasser.

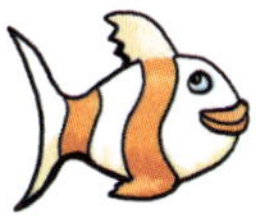

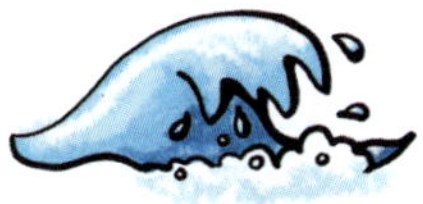

Der 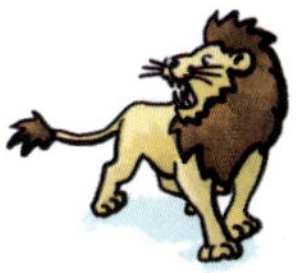 _____ brüllt laut.

Der _____ krabbelt auf einem Blatt.

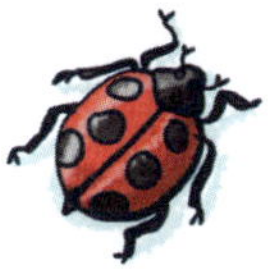

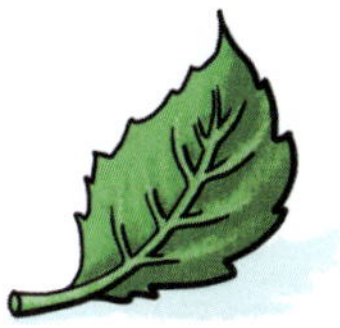

Der 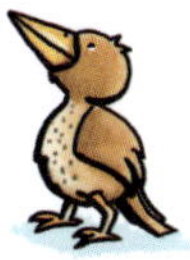 _____ hat einen Schnabel.

Lernportion 1: Nomen

MK-Tipp: sich in Tierlexika oder mit Hilfe einer Kindersuchmaschine im Internet über Eigenschaften von Tieren informieren

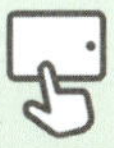

9

> Wörter für **Pflanzen** sind **Nomen**.
> Ich schreibe sie groß:
> Rose, Baum.

① Verbinde jedes Bild mit dem Nomen.

| Busch | Birnbaum | Rose | Tanne |

| Apfelbaum | Tulpe | Löwenzahn | Gras |

② Schreibe zu jedem Bild das Nomen aus ①.

Apfelbaum

> Wörter für **Dinge** sind **Nomen**.
> Ich schreibe sie groß:
> Butter, Messer.

1 Markiere die Nomen für Dinge.

| Raupe | Pizza | Baby | Keks | Flasche |

| Blume | Gabel | Faden | Frosch | Löffel |

2 Schreibe zu jedem Bild das Nomen.

| Tablet | ~~Laptop~~ | Handy |

| Fernseher | Radio | MP3-Player |

Laptop

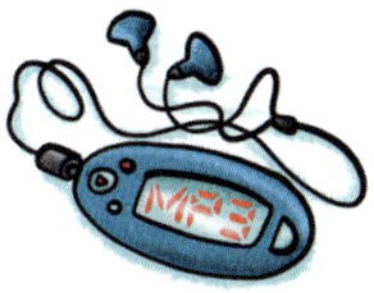

1 Finde in jedem Rahmen zwei Nomen für Dinge.
Kreise sie ein und schreibe sie auf.

T R y X (P u p p e) Q i T u l A u t o K K i

Puppe,

B B a l l i Y K T o Z R T T e d d y W i C

F B s x H e f t G r P n u B u c h Z s j T

N F T S t i f t Ö x F ü l l e r T r T K T p

N K l e i d M a M M r i T M a n t e l Ä j s

A H o s e F G i K x O S o c k e n N O p

1 Kreise in jeder Reihe zwei Nomen ein.
Schreibe sie auf.

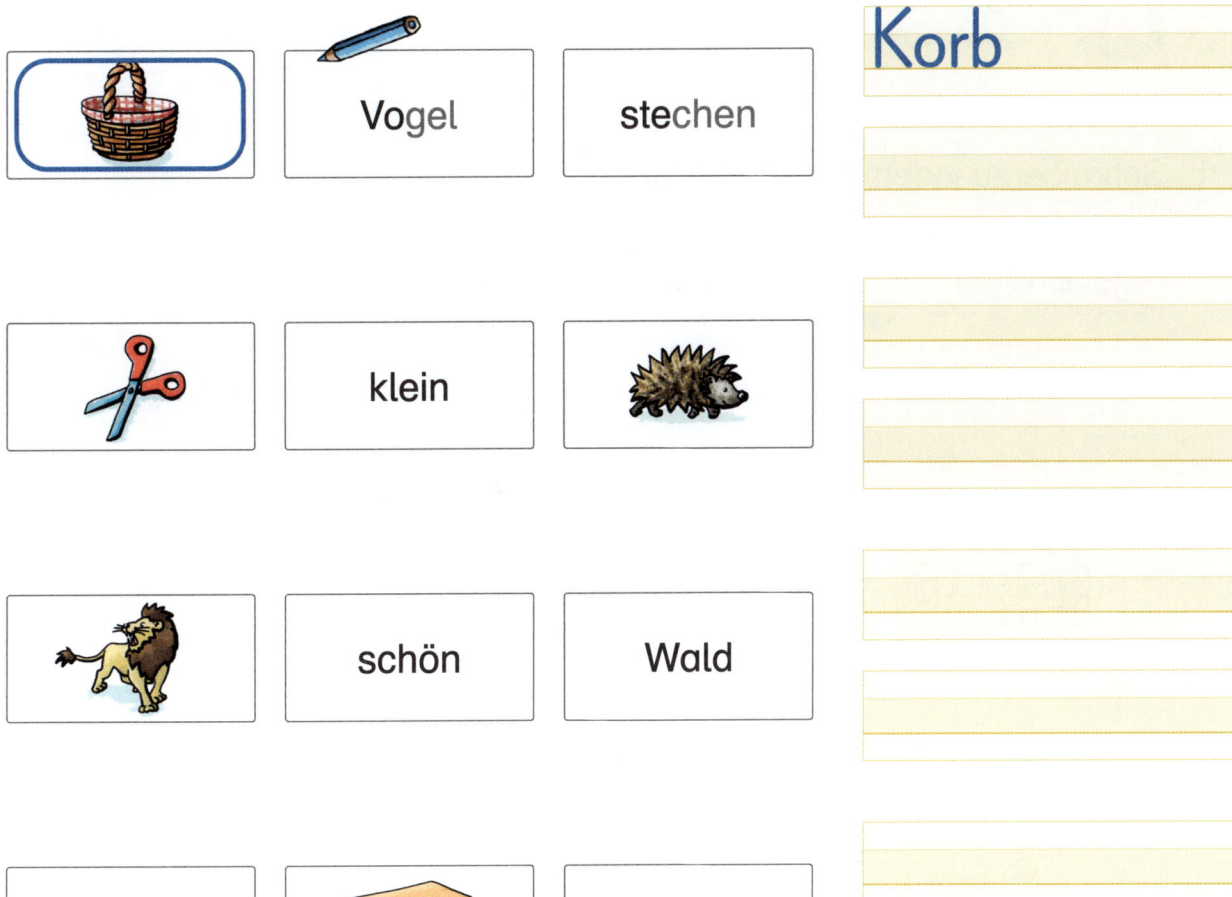

(Korb)	Vogel	stechen	Korb
(Schere)	klein	(Igel)	
(Löwe)	schön	Wald	
Bäcker	(Tisch)	schnell	

2 Schreibe den Text ab.
Unterstreiche alle Nomen.

Heft 1, S. 13 ②
Mia geht ...

Mia geht | mit ihrer Mutter | in den Wald. |

Sie wollen | Pilze sammeln | und haben | einen Korb dabei. |

Mia entdeckt | in einem Busch | einen kleinen Igel.

Lernportion 1: Nomen

Plenum: Erkennungsmerkmale für Nomen und Vorgehensweise bei der Wortartenbestimmung beschreiben

Nomen haben **bestimmte Artikel**:
der Bagger, **die** Bahn, **das** Schiff.

Ich sage **der**, **die**, **das**, wenn ich etwas Bestimmtes meine.

① Schreibe zu jedem Bild das Nomen mit Artikel.

| der Bagger | das Boot | der Bus |
| das Schiff | das Auto | die Bahn |

der Bagger

②

① Ordne die Nomen nach
ihrem bestimmten Artikel.

Die Farben
helfen dir.

| Elefant | Katze | Pferd | Zahn |

| Bein | Rüssel | Hummel |

| Tatze | Ohr | Schwanz | Fell |

der Elefant,

die Katze,

das Pferd,

Nomen haben auch **unbestimmte Artikel**:
ein Hafen, **ein** Lied, **eine** Insel.

Ich sage **ein**, **eine**, wenn ich nichts Bestimmtes meine.

1 Schreibe die Nomen in die Tabelle.

Lied	Kirsche	Gabel	Hafen	Nest
Schere	Ziege	Zeh	Blatt	Insel
Turm	Giraffe	Schlitten	Brille	Pflaume	Dachs

ein	eine
Lied	

① Kreise jeweils den richtigen Artikel ein.
Ergänze.

| (ein) ✶ eine | Im Gras liegt **ein**_____ Ball. |

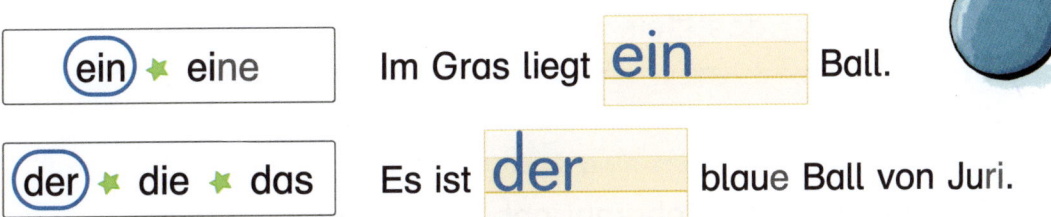

| (der) ✶ die ✶ das | Es ist **der**_____ blaue Ball von Juri. |

| ein ✶ eine | Marta braucht heute _____ Jacke. |

| der ✶ die ✶ das | Sie nimmt _____ Jacke mit der Kapuze. |

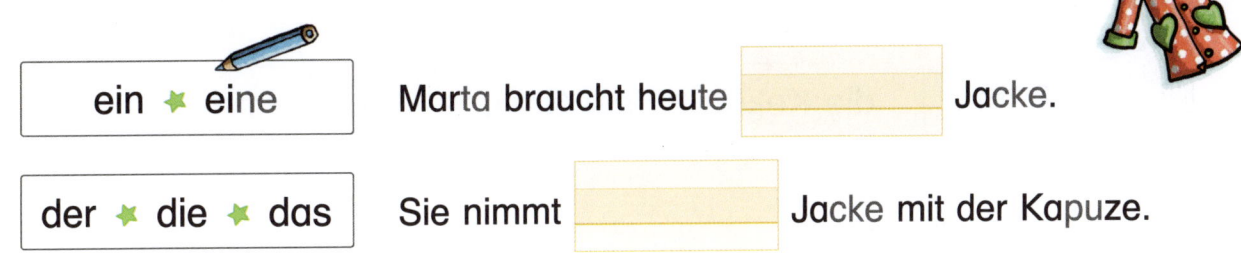

| ein ✶ eine | Viktor wünscht sich _____ Rennbahn. |

| der ✶ die ✶ das | Er mag _____ Rennbahn mit den vielen Kurven. |

| ein ✶ eine | Auf der Straße hört man _____ lautes Fahrzeug. |

| der ✶ die ✶ das | Es ist bestimmt _____ Bus, denkt Lisa. |

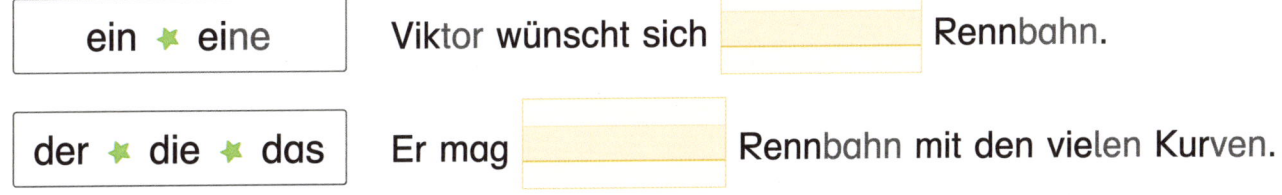

| ein ✶ eine | Tim findet _____ Handy auf dem Weg. |

| der ✶ die ✶ das | Es ist _____ neue Handy von Niko. |

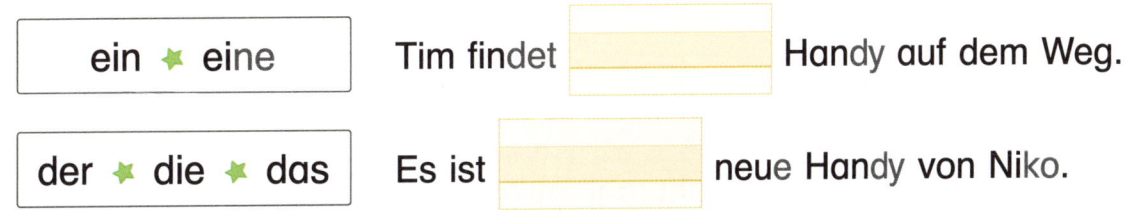

Lernportion 2: Artikel

Plenum: an Beispielen beschreiben, in welchem Zusammenhang der bestimmte oder unbestimmte Artikel
sinnvoll verwendet wird

D 5 · · · **17**

> Nomen gibt es in der **Einzahl** und in der **Mehrzahl**.
> Der bestimmte Artikel von Mehrzahlwörtern ist **die**:
> der Arm – **die** Arme, das Bein – **die** Beine.

1 Schreibe die Nomen in der Mehrzahl neben die Bilder.

die Arme	die Ringe	die Köpfe	die Zähne	~~die Strümpfe~~

die Sterne	die Kekse	die Schuhe	die Stifte	die Fische

der Strumpf

die Strümpfe

der Zahn

der Arm

der Stern

der Kopf

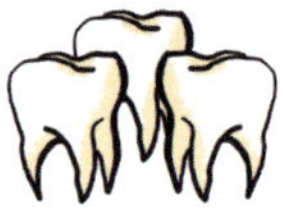

der Fisch

der Ring

der Stift

der Schuh

der Keks

2 Unterstreiche in ① bei der Mehrzahl immer **e** am Ende.

① Schreibe die Nomen passend zum Bild.
Unterstreiche **n** am Ende.

| die ~~Fliegen~~ | die Jungen | die Hosen |

| die Schnecken | die Enten | die Wolken |

die Fliege**n**

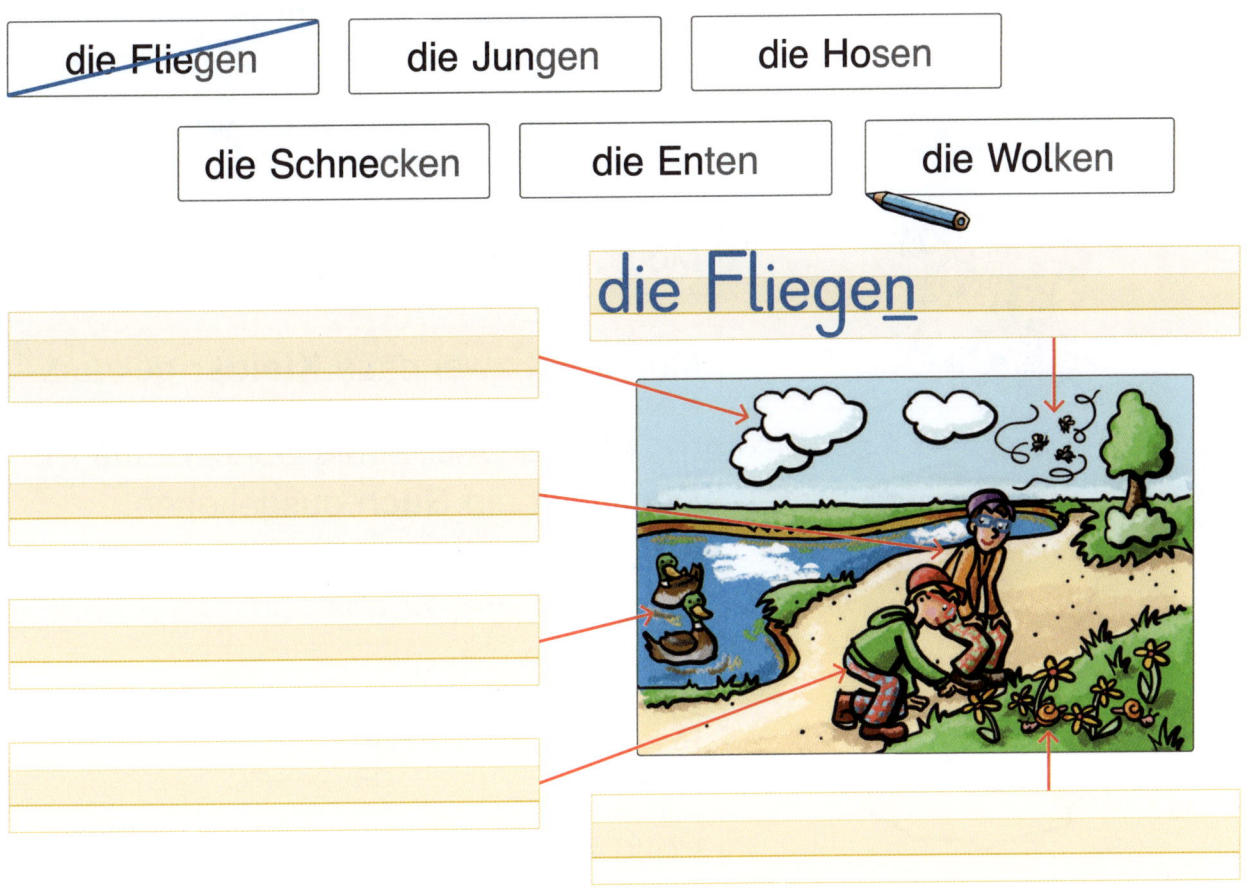

② Ergänze die Tabelle.
Unterstreiche bei der Mehrzahl **n** am Ende.

Mehrzahl	Einzahl
die Brille**n**	die Brille
die Wolken	
	die Blume
die Enten	

① Kreuze zu jedem Bild den passenden Satz an.

○ Mia hat viele schöne **Bilder** gemalt.

○ Mia hat ein schönes **Bild** gemalt.

○ Mama hat ein neues **Kleid** gekauft.

○ Mama hat zwei neue **Kleider** gekauft.

○ Damir hat ein **Buch** ausgeliehen.

○ Damir hat drei **Bücher** ausgeliehen.

○ Papa hat ein **Ei** gebraten.

○ Papa hat vier **Eier** gebraten.

② Ergänze die Tabelle. Unterstreiche bei der Mehrzahl er am Ende.

Einzahl	Mehrzahl
das Bild	die Bild<u>er</u>
das Kleid	die

① Verbinde Einzahl und Mehrzahl.

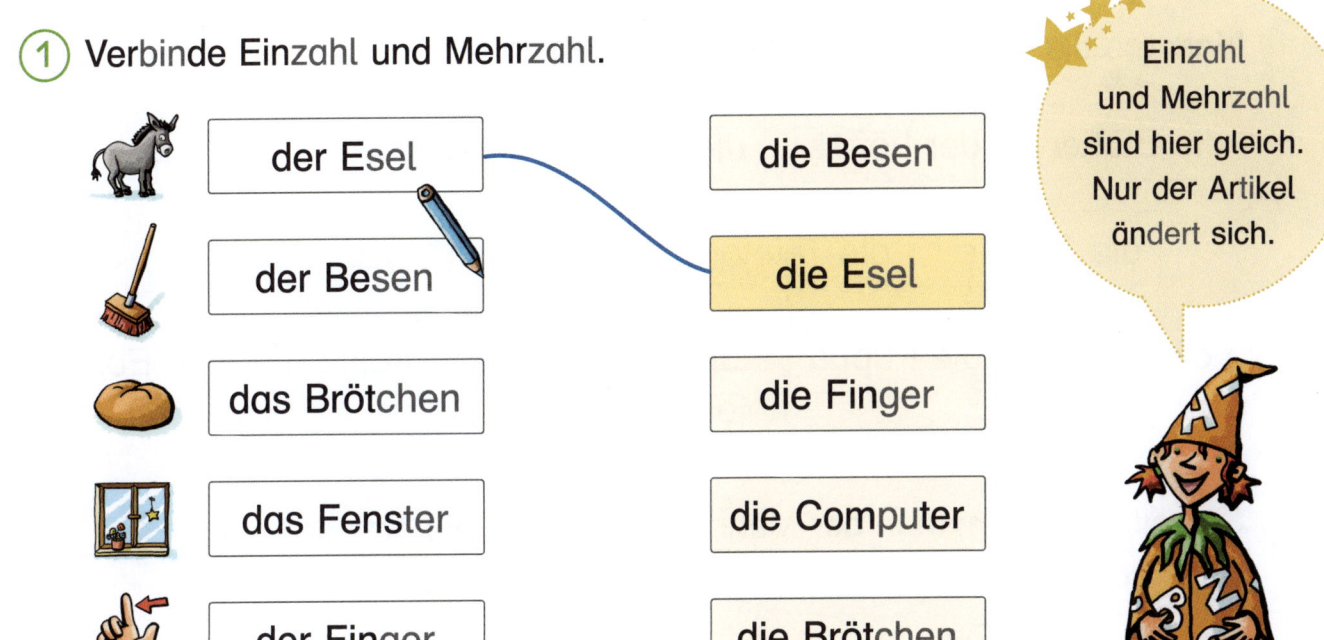

der Esel	die Besen
der Besen	die Esel
das Brötchen	die Finger
das Fenster	die Computer
der Finger	die Brötchen
der Computer	die Fenster

> Einzahl und Mehrzahl sind hier gleich. Nur der Artikel ändert sich.

② Schreibe die Wörter aus ① in die Tabelle.

Einzahl	Mehrzahl
der Esel	die Esel
der	

① Markiere die Nomen in der Mehrzahl.

| die Blätter | der Löffel | die Straße | die Wörter | das Messer |

| die Schere | die Telefone | der Fisch | das Flugzeug |

| die Vögel | die Puppe | die Gabel | die Pflanzen | die Eule |

② Schreibe die Nomen in der Mehrzahl aus ① in die Tabelle.
Ergänze die Einzahl.

Mehrzahl	Einzahl
die Blätter	das Blatt
die	

③

Lernportion 3: Einzahl und Mehrzahl

Plenum: Einzahl- und Mehrzahlwörter vergleichen, Mehrzahlwörter ordnen (kategorisieren) und Beobachtungen beschreiben

Verben sagen, was man tut:
essen, malen, trinken.
Ich schreibe Verben klein.

① Schreibe zu jedem Bild das Verb auf.

trinken	schlafen	schneiden	malen

essen	rechnen	lesen	schreiben

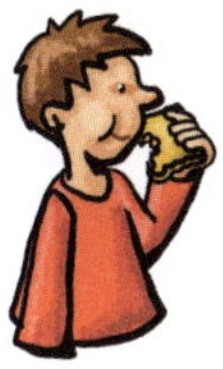

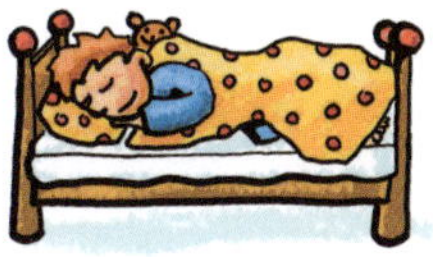

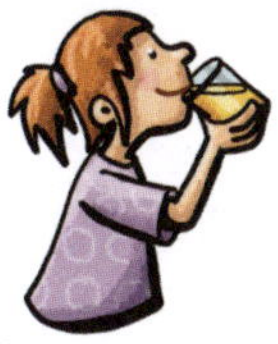

trinken

 ②

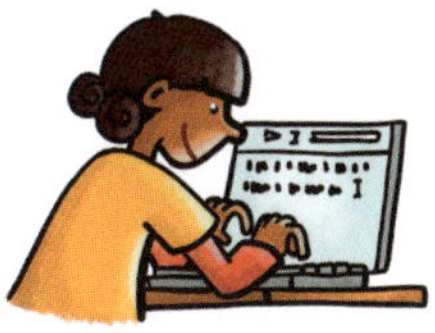

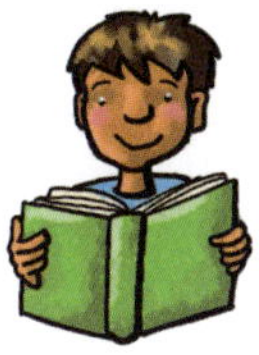

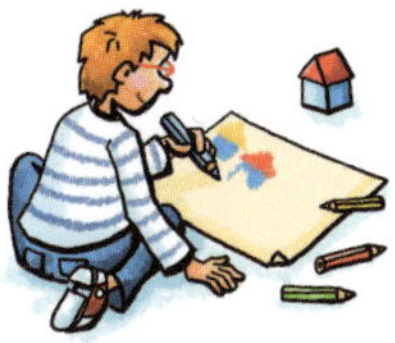

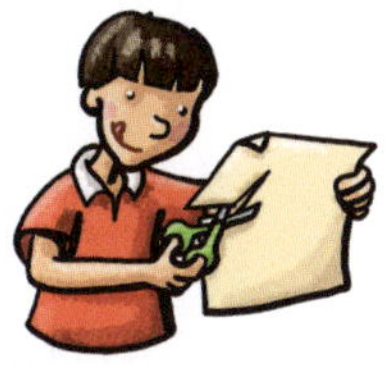

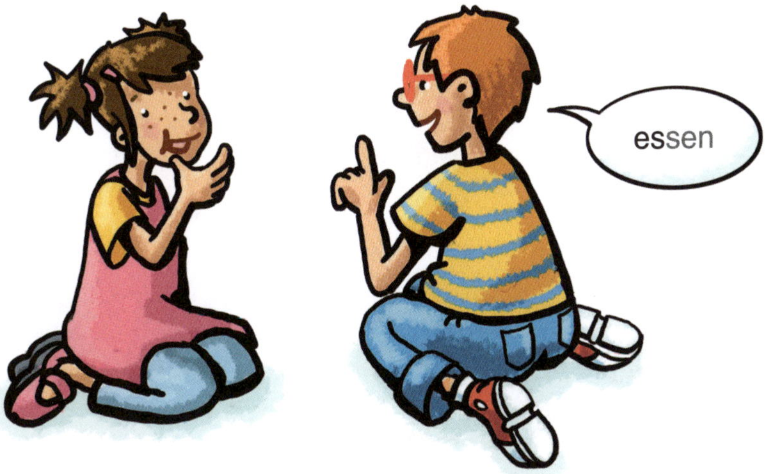

essen

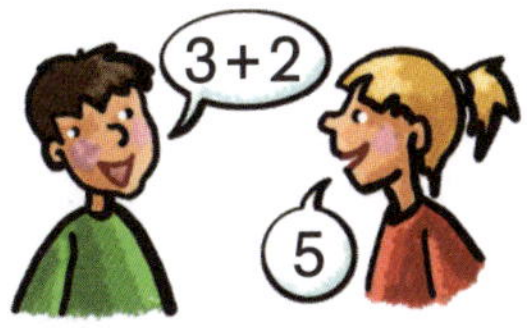

1 Verbinde.

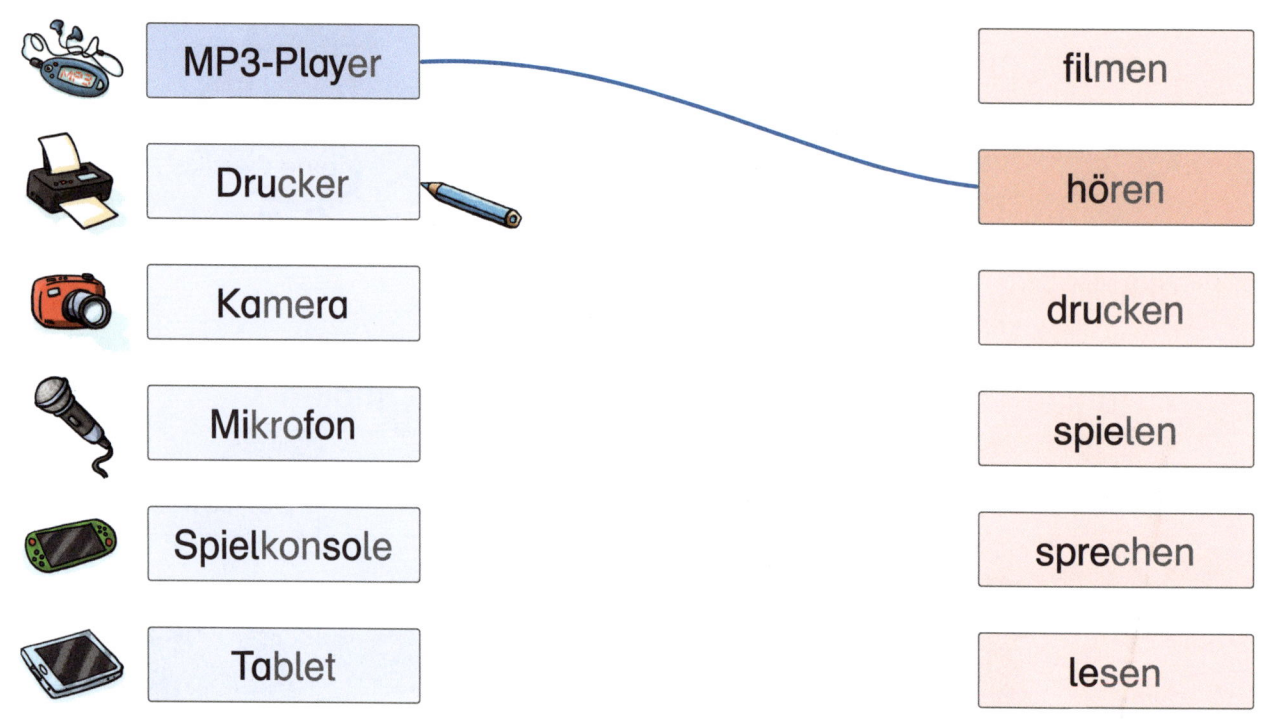

MP3-Player	filmen
Drucker	hören
Kamera	drucken
Mikrofon	spielen
Spielkonsole	sprechen
Tablet	lesen

2 Schreibe die Sätze ab.

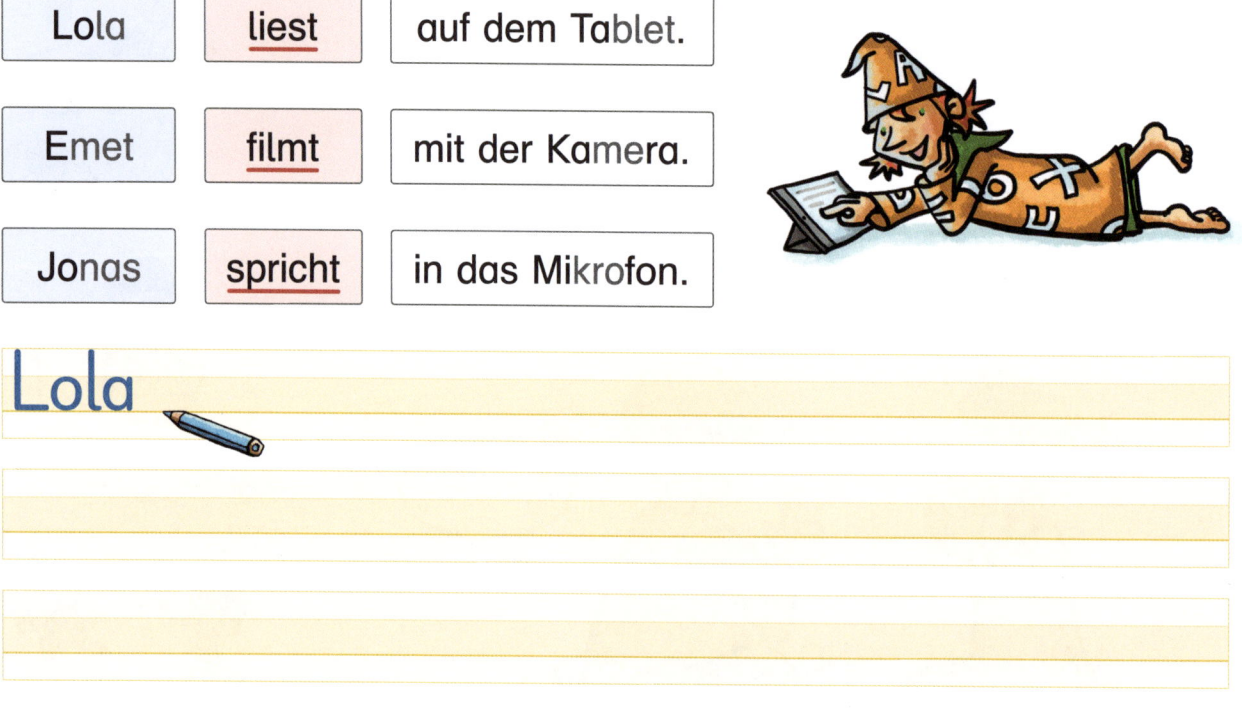

Lola	liest	auf dem Tablet.
Emet	filmt	mit der Kamera.
Jonas	spricht	in das Mikrofon.

Lola

3 Unterstreiche in **2** die Verben rot.

1 Lies die Tipps der Kinder.

2 Unterstreiche die Nomen blau und die Verben rot.

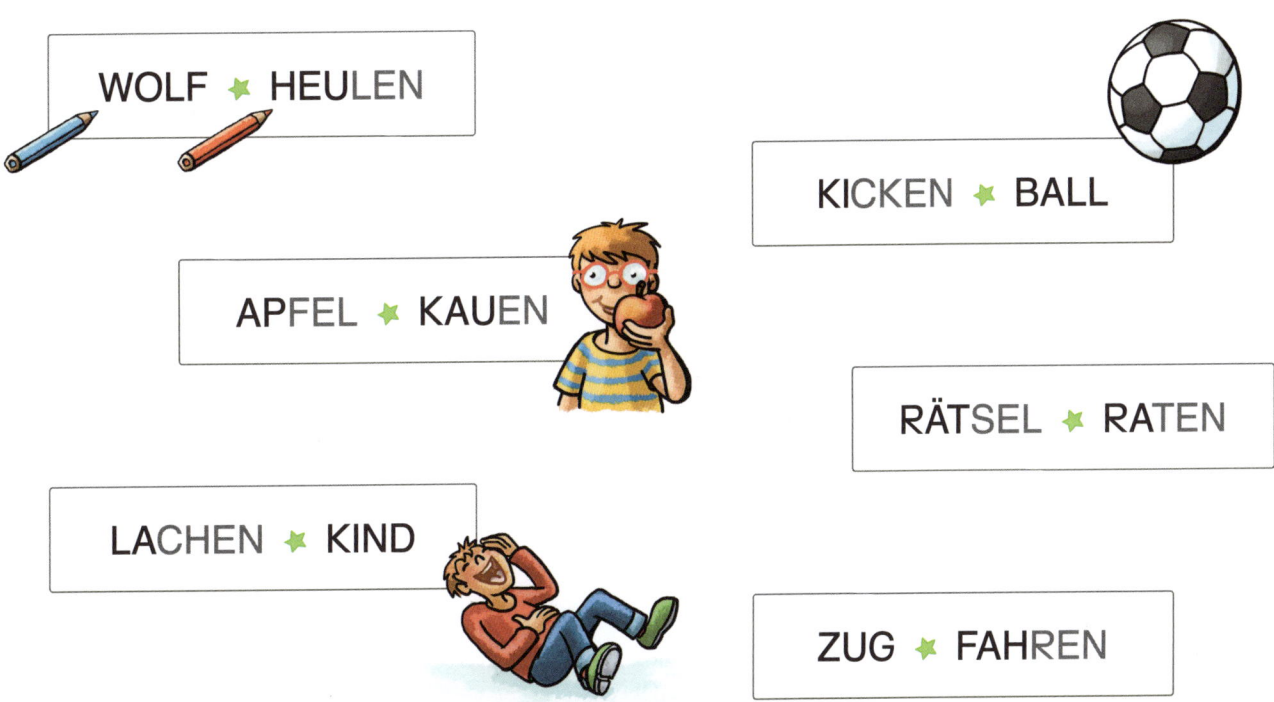

Verben verändern sich.
Ich singe.   Du singst.

Ich singe gern.

① Kreuze an, was du gern tust.

malen   spielen   bauen   kochen   singen

② Schreibe die Ich-Form und die Du-Form zu den Verben aus ① auf.

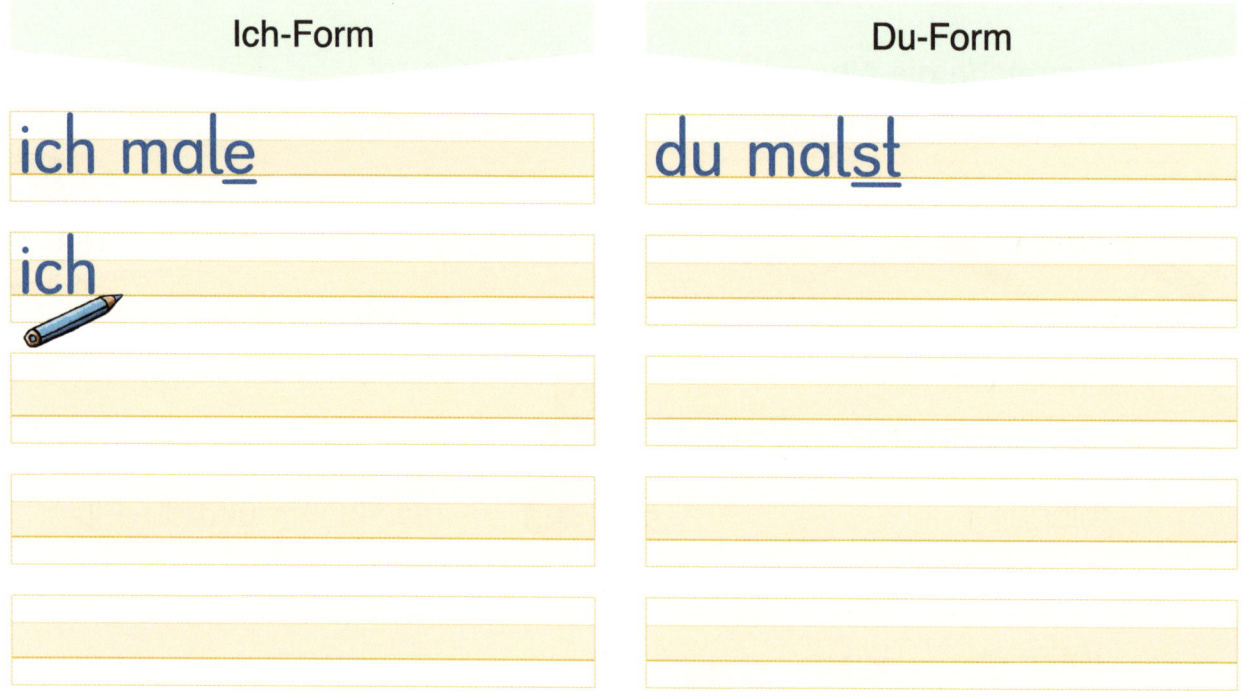

Ich-Form	Du-Form
ich male	du malst
ich	

③ Unterstreiche in ② e und st am Ende.

(1) Verbinde wie im Beispiel.

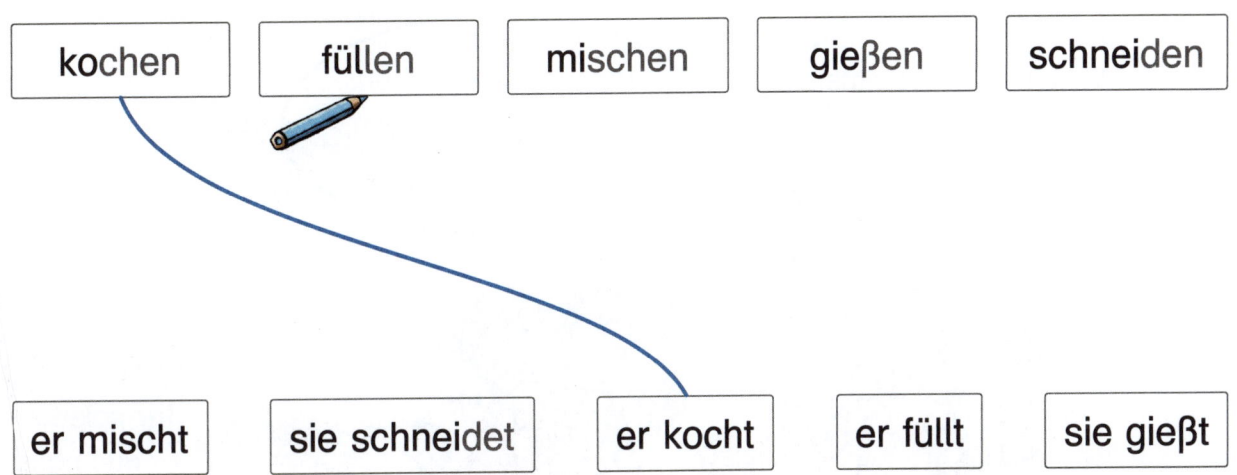

| kochen | füllen | mischen | gießen | schneiden |

| er mischt | sie schneidet | er kocht | er füllt | sie gießt |

(2) Tim macht einen Auflauf mit Nudeln.
Oma hilft ihm.
Ergänze, was jeder tut.

| kochen | Er **kocht** _____ die Nudeln. |

| gießen | Sie _____ die Nudeln ab. |

| füllen | Er _____ die Nudeln in eine Form. |

| schneiden | Sie _____ die Pilze. |

| mischen | Er _____ die Nudeln und die Pilze. |

| reiben | Sie _____ den Käse. |

| schieben | Er _____ die Form in den Ofen. |

1 Lies, was die Kinder sagen.

Wir tanzen zusammen.
Wir spielen zusammen.
Wir lernen zusammen.

Ihr tanzt zusammen.
Ihr spielt zusammen.
Ihr lernt zusammen.

Wir spielen gern.
Ihr spielt sicher auch gern.

2 Schreibe die Sätze aus **1** ab.

Wir tanz<u>en</u> zusammen.

Wir

Ihr tanz<u>t</u>

3 Unterstreiche die Verb-Endungen in **2**.

Lernportion 4: Verben

Plenum: beschreiben, wie Verben in allen Personalformen gebildet werden und wie sich Verben verändern, je nachdem, wer handelt

D 7

AH 27, 28

① Erstelle mit einem Kind ein Plakat.

trinken	liegen	gehen
ich trinke	ich liege	ich
du trinkst	du	du
er trinkt	sie	er
wir trinken	wir	
ihr trinkt	ihr	
sie trinken	sie	

②
ich		spielen	
du		turnen	
er, sie, es		bauen	
wir		singen	
ihr		malen	
sie		hüpfen	

Ich singe.

5 Adjektive kennenlernen

Adjektive sagen, **wie** etwas ist:
nass, rund, lang.
Ich schreibe Adjektive klein.

Wie ist Lola?
Lola ist **lustig**.

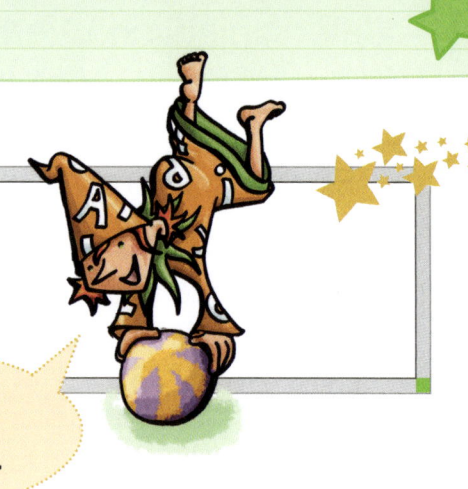

① Schreibe unter jedes Bild das passende Adjektiv.

~~nass~~	rund	groß	grün	kaputt
weich	laut	sauer	schwer	

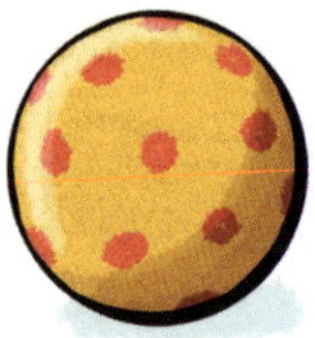

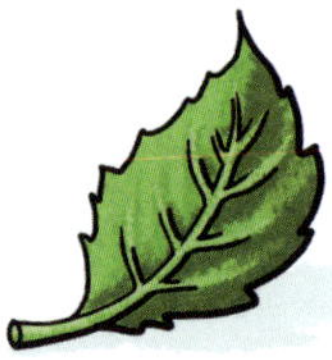

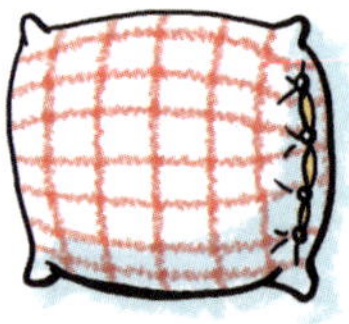

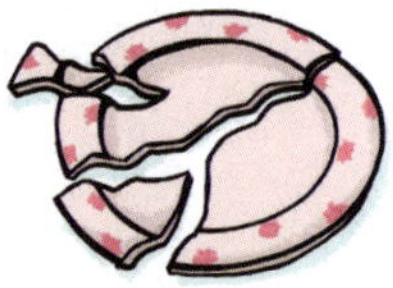

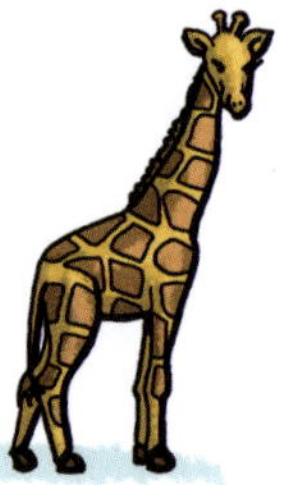

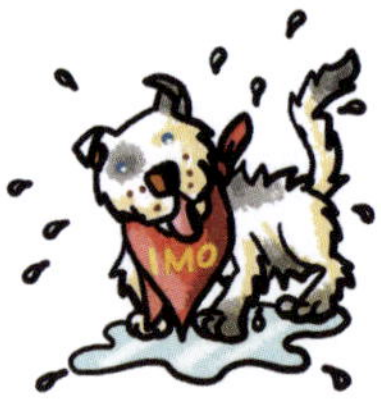

nass

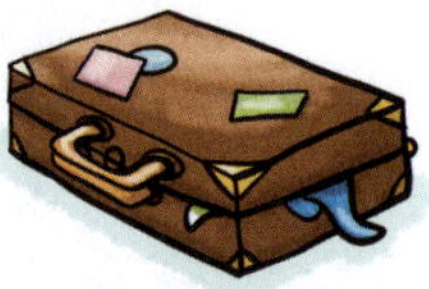

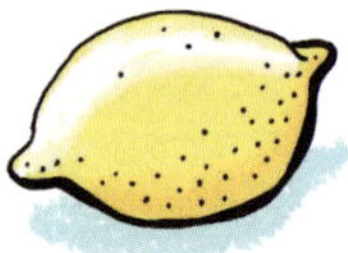

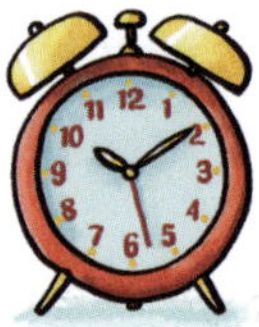

① Sieh dir das Bild an. Verbinde.

Tasche	rot
Pullover	braun
Hose	grau
Mantel	grün

Haare	blau
Augen	schwarz
Knöpfe	lockig
Stiefel	rund

② Kreuze an, was zum Bild in ① passt.

○ Die Tasche ist grau.

○ Der Pullover ist rot.

○ Die Hose ist grün.

○ Der Mantel ist braun.

○ Die Haare sind lockig.

Drei Sätze stimmen.

③ Schreibe zwei weitere Sätze wie in ②.

1 Die Stiefel

2

1 Schreibe die Gegensätze in die Tabelle.

| arm | ~~jung~~ | falsch | sauer | dünn | krank | wenig |

alt	↔	jung
süß	↔	
reich	↔	
dick	↔	
viel	↔	
gesund	↔	
richtig	↔	

Lola ist nicht **dumm**, sondern **klug**.

2 Ergänze passend.

| leicht | langsam | heiß | hell |

Feuer ist nicht kalt, sondern _____.

Die Schnecke ist nicht schnell, sondern _____.

Federn sind nicht schwer, sondern _____.

Licht ist nicht dunkel, sondern _____.

> Adjektive können sich **verändern:**
> krank – der kranke Franz.

Die nette Lola hilft euch oft!

① Lies und schreibe wie im Beispiel.

 Finja ist lustig.

die lustige Finja

 Greta ist stark.

die

 Igor ist krank.

der

 Marie ist wütend.

 Fritz ist traurig.

 Ella ist erschrocken.

② Unterstreiche bei den Adjektiven in ① e am Ende.

AH 38

Lernportion 5: Adjektive
Plenum: erkennen und beschreiben, wie sich das Adjektiv verändert, wenn es dem Nomen vorangestellt wird

D 8

33

1 Lies die Rätsel.
Schreibe die Lösung auf.

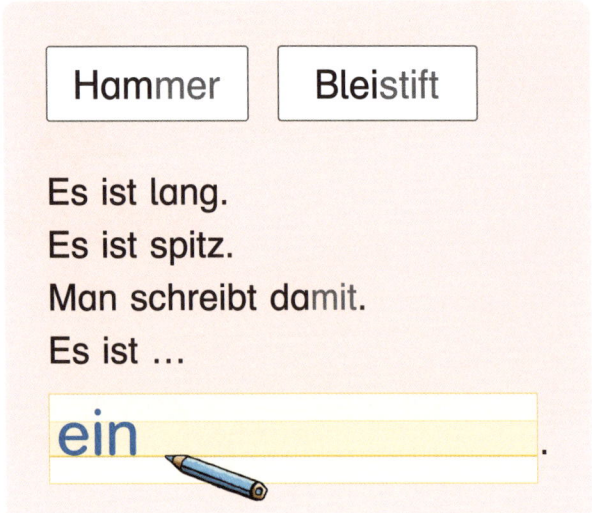

| Hammer | Bleistift |

Es ist lang.
Es ist spitz.
Man schreibt damit.
Es ist …

ein _____ .

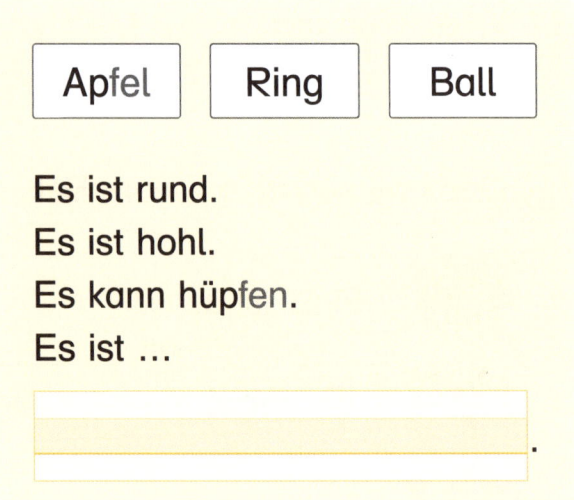

| Apfel | Ring | Ball |

Es ist rund.
Es ist hohl.
Es kann hüpfen.
Es ist …

_____ .

2 Wähle ein Bild aus.
Ergänze dazu das Rätsel. Schreibe wie in ①.

Es ist _____ .

Es _____ .

Man _____ .

Es ist _____ .

> Für Nomen gibt es oft einen **Oberbegriff**:
> Apfel, Banane und Kirsche sind <u>Obst</u>.
> Montag, Mittwoch und Sonntag sind <u>Wochentage</u>.

1 Schreibe die Nomen zu den Oberbegriffen.

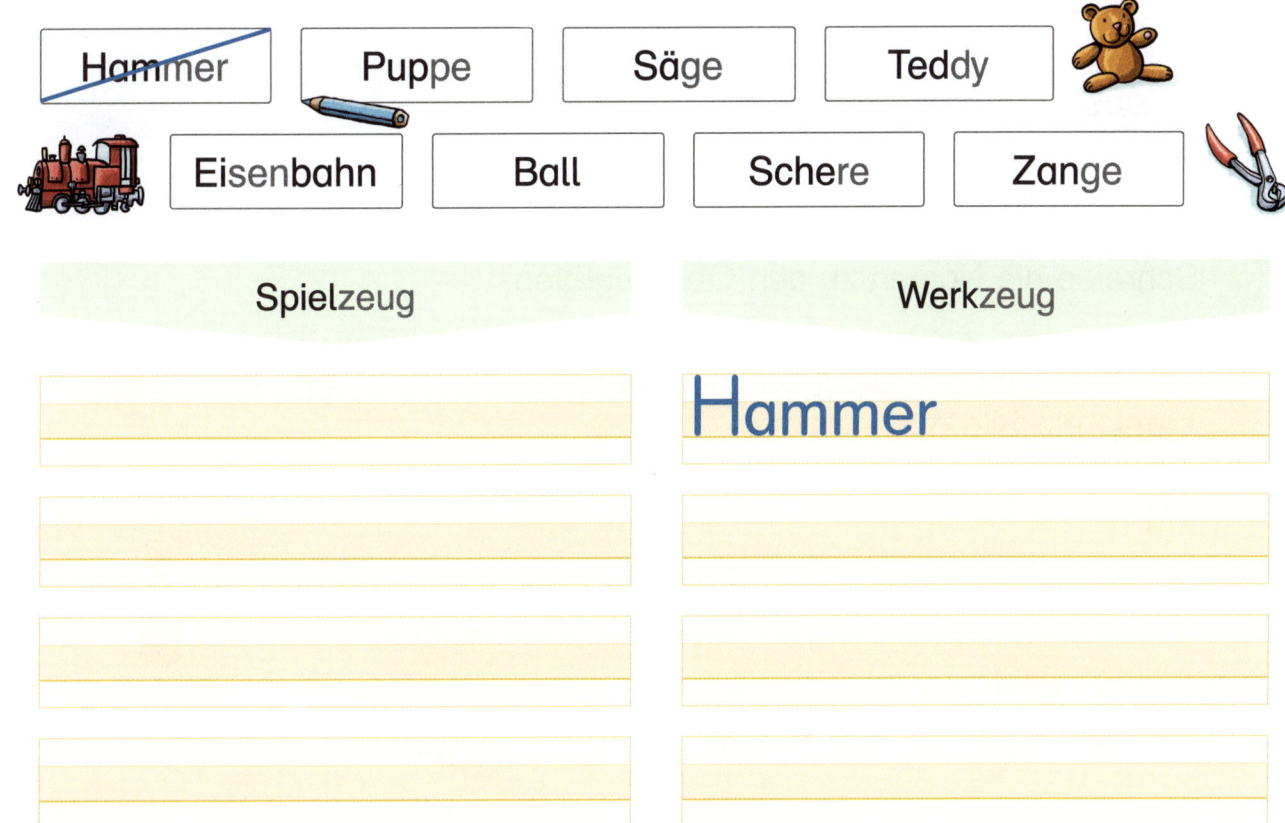

| Hammer | Puppe | Säge | Teddy |

| Eisenbahn | Ball | Schere | Zange |

Spielzeug	Werkzeug
	Hammer

2 Streiche in jeder Zeile das Nomen, das nicht zum Oberbegriff passt.

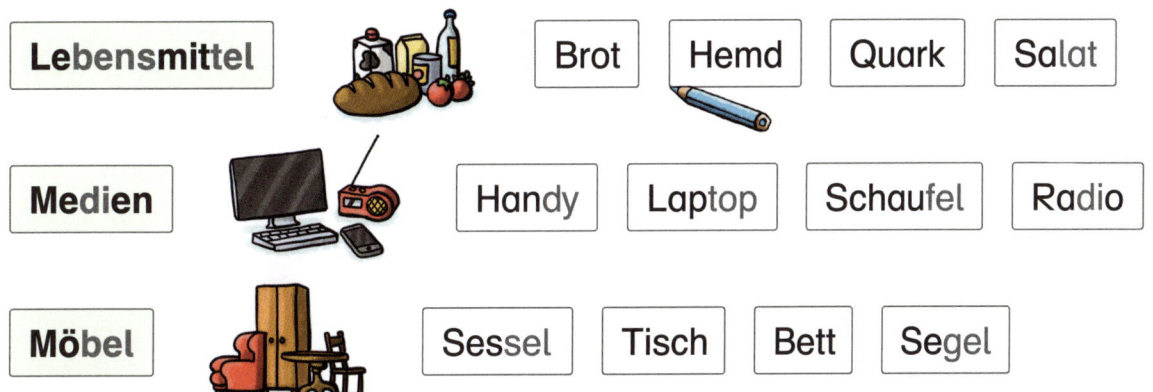

| **Lebensmittel** | Brot | Hemd | Quark | Salat |

| **Medien** | Handy | Laptop | Schaufel | Radio |

| **Möbel** | Sessel | Tisch | Bett | Segel |

1 Schreibe jeweils den Oberbegriff auf.

Kleidung	Fahrzeuge	Haustiere

Auto	Bus	Lastwagen	Taxi

Hose	Hemd	Bluse	Pullover

Maus	Hamster	Katze	Hund

2 Schreibe die Nomen zu den Oberbegriffen.

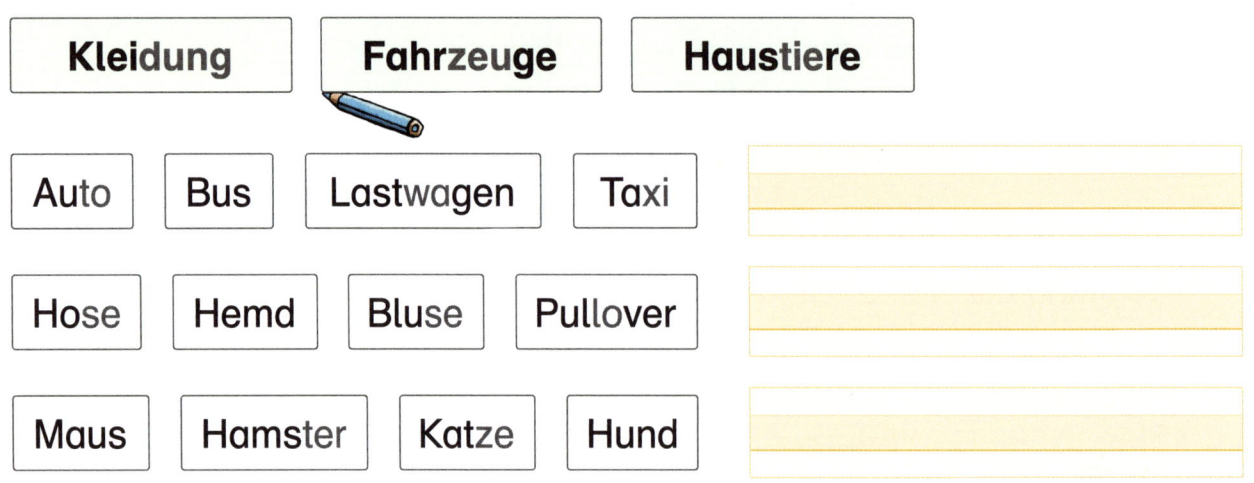

Bett	Limo	Tee

Stuhl	Sofa	Kaffee	Regal

Wasser	Schrank	Cola

Getränke	Möbel
	Bett

> Wörter mit einer ähnlichen Bedeutung bilden ein **Wortfeld**:
> sagen, flüstern und erzählen gehören zum Wortfeld sprechen.

① Unterstreiche die Verben der Wortfelder sprechen und sehen.

rufen	schauen	brüllen	sagen	erzählen

blicken	flüstern	gucken	reden

② In jeder Zeile passt ein Verb nicht zum Wortfeld.
Streiche es durch.

Wortfeld **essen**	schmatzen	kauen	schnarchen

Wortfeld **geben**	schenken	spielen	liefern

Wortfeld **malen**	reden	zeichnen	anstreichen

Wortfeld **streiten**	zanken	kämpfen	schwimmen

Wortfeld **schlafen**	schlummern	lachen	träumen

①

② Ordne die Verben zu.

schleichen, huschen	wandern, ~~spazieren~~

trampeln, stampfen	rennen, sausen

durch die Landschaft gehen:

wandern, spazieren

laut gehen:

schnell gehen:

leise gehen:

Lernportion 6: Oberbegriffe und Wortfelder

MK: ein Plakat gestalten

① Lies den Text.

Der Käfer

1 Amir und Kira entdecken auf dem Weg einen großen Käfer.

Sie betrachten ihn genau und beobachten,

wie er auf die Straße krabbelt.

„Oh nein!", ruft Kira laut.

5 „Wir müssen ihn retten", sagt Amir.

Er nimmt den Käfer auf die Hand und trägt ihn auf die Wiese.

Zu Hause erzählen die beiden von ihrem Erlebnis.

Die Mutter lobt: „Das habt ihr gut gemacht."

② Unterstreiche in ① vier Verben aus dem Wortfeld sprechen
und drei Verben aus dem Wortfeld sehen.

③

Lernportion 6: Oberbegriffe und Wortfelder

Plenum: im Rahmen von Ratespielen passende Nomen zu Oberbegriffen nennen (und umgekehrt) und
zu Wortfeldern passende Verben nennen (oder umgekehrt)

39

> **Zusammengesetzte Nomen** beschreiben Dinge genauer:
> <u>Fuß</u>ball, <u>Apfel</u>kuchen.
> Ich schreibe zusammengesetzte Nomen am Anfang groß.

① Setze die Nomen zusammen.

Welcher Teller ist es?
Es ist der **Kuchenteller**.

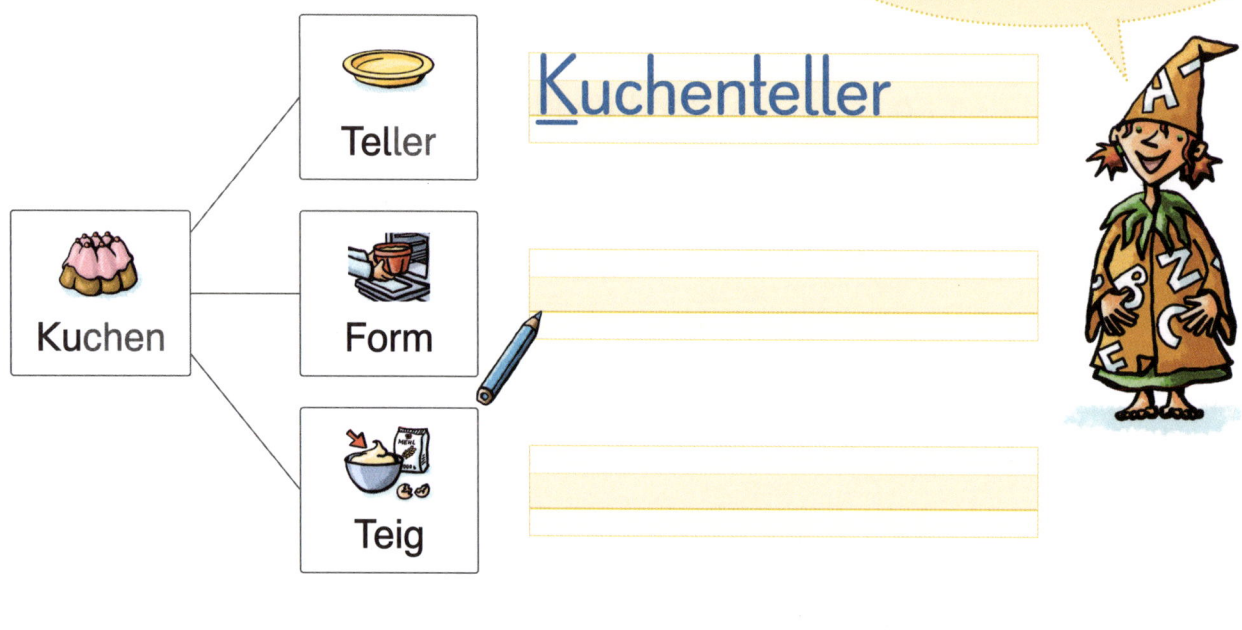

<u>K</u>uchenteller

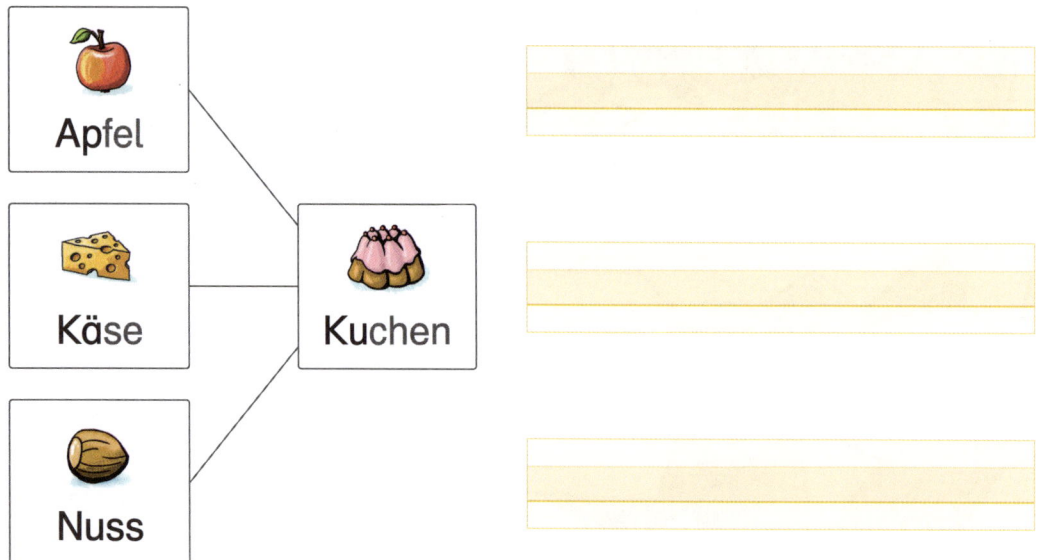

② Unterstreiche in ① die großen Buchstaben am Anfang.

1 Die langen Nomen bestehen aus zwei Nomen.
Schreibe sie wie im Beispiel auf.

 der Regentropfen   der Regen, der Tropfen

das Regenwasser

der Regenschirm

die Windmühle

das Windrad

die Windjacke

die Schneeflocke

die Schneebrille

die Schneeschaufel

> **Vorsilben** sind Wortbausteine.
> Sie verändern die Bedeutung eines Verbs.
> schlafen, <u>ein</u>schlafen, <u>aus</u>schlafen, <u>ver</u>schlafen.

1 Setze immer das Verb mit ein und aus passend ein.

| aus |
| ein | > schlafen

Oft kann ich abends nicht **einschlafen**.

Dann möchte ich morgens _____.

| ein |
| aus | > schalten

Vor der Sendung muss ich den Fernseher _____.

Nach der Sendung muss ich ihn _____.

| aus |
| ein | > packen

Vor der Reise müssen wir unsere Sachen _____.

Nach dem Urlaub müssen wir sie _____.

Lernportion 7: Zusammengesetzte Wörter

Plenum: an Beispielen beschreiben, wie unterschiedliche Vorsilben die Bedeutung von Verben verändern;
die unterschiedlichen Bedeutungen erklären

42

2 Lies und ergänze **ver** oder **vor**.

ein Gedicht ___**vor**___ sprechen

einem Freund etwas 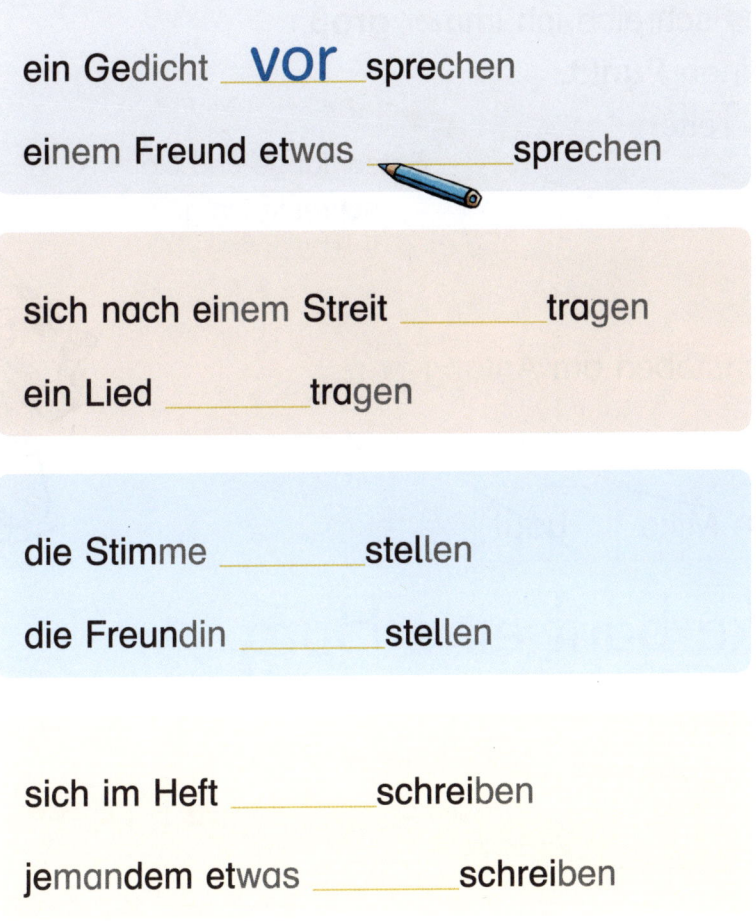 _____ sprechen

sich nach einem Streit _____ tragen

ein Lied _____ tragen

die Stimme _____ stellen

die Freundin _____ stellen

sich im Heft _____ schreiben

jemandem etwas _____ schreiben

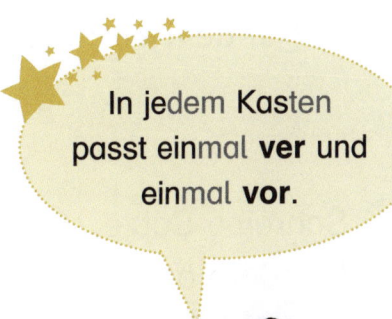

In jedem Kasten passt einmal **ver** und einmal **vor**.

3 Schreibe die Verben aus ② in die Tabelle.

vor	ver
vorsprechen	

Ein **Aussagesatz** erzählt, was geschieht.
Den **Anfang** des Satzes schreibe ich immer **groß**.
Am Ende mache ich einen **Punkt**.
Auf dem Tisch stehen Teller.

Satzanfänge und Nomen
schreibe ich groß.

(1) Schreibe Sätze.
Markiere den großen Buchstaben am Anfang
und den Punkt am Ende.

| eine Burg | der kleine Mika | baut |

Der kleine Mika baut eine Burg.

| ihm | hilft | seine Schwester |

| legt | Papa | auf den Grill | die Wurst |

| die Zeitung | liest | Mama |

| genießen | den Tag | alle |

1 Lies die Sätze abwechselnd mit einem Kind.

a)
Tim liest.

Tim liest oft.

Tim liest oft ein Buch.

Tim liest oft ein Buch im Bett.

b)
Imo schläft.

Imo schläft oft.

Imo schläft oft im Korb.

Imo schläft oft im Korb bei der Tür.

2 Schreibe den Satz als Treppe wie in ①.

| Lisa träumt | oft | vom Urlaub | am Meer |

Denke bei jedem Satz an den Punkt am Ende.

Lisa träumt.

> Ein Satz, mit dem man etwas fragt, heißt **Fragesatz**.
> Danach steht ein **Fragezeichen**.
> Wie alt bist du? Lesen Sie gern?

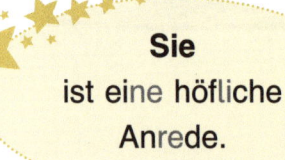

Sie ist eine höfliche Anrede.

1 Lisa stellt ihrer Lehrerin Fragen.
Verbinde die Fragen mit den Antworten.

Wie alt sind Sie?	Ja, ich habe zwei Söhne.
Wo wohnen Sie?	Ich fahre ans Meer.
Haben Sie Kinder?	Ich bin 45 Jahre alt.
Was machen Sie gern?	Ich wohne in einem alten Haus.
Wohin fahren Sie in den Urlaub?	Ich treibe viel Sport.

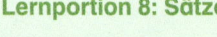

1 Lies und trage am Ende einen Punkt
oder ein Fragezeichen ein.

Wann kann man
Schlitten fahren**?**

Was ist Schnee___

Ein Regenbogen kommt,
wenn es regnet und
die Sonne scheint___

Kommt bei einem Gewitter
zuerst der Donner
oder der Blitz___

Schnee ist Wasser,
das zu Kristallen
gefroren ist___

Im Winter kann man
Schlitten fahren___

Zuerst blitzt es, dann
folgt der Donner___

Woher kommen
Wärme und Licht
auf der Erde___

Woraus besteht Nebel___

Wann kommt
ein Regenbogen___

Die Strahlen der Sonne
wärmen und erhellen
die Erde___

Nebel besteht aus
winzigen Tropfen
in der Luft___

2 Verbinde in ① Fragen und Antworten passend.

In einem **Ausrufesatz** wird etwas ausgerufen.
Danach steht ein **Ausrufezeichen**.
Achtung, ein Radfahrer! Endlich Ferien!

① Schreibe die Ausrufesätze zu den Bildern.

| Endlich Ferien! | Achtung, ein Radfahrer! |

Kommt, wir kaufen Eis!

| Gute Reise, Frau Riedel! | Toll, keine Hausaufgaben! |

 Endlich Ferien!

② Markiere in ① die Ausrufezeichen.

① Verbinde, was man tun kann.

| Handy | Schuhe | Inliner | Wasser | Eis | Feuer |

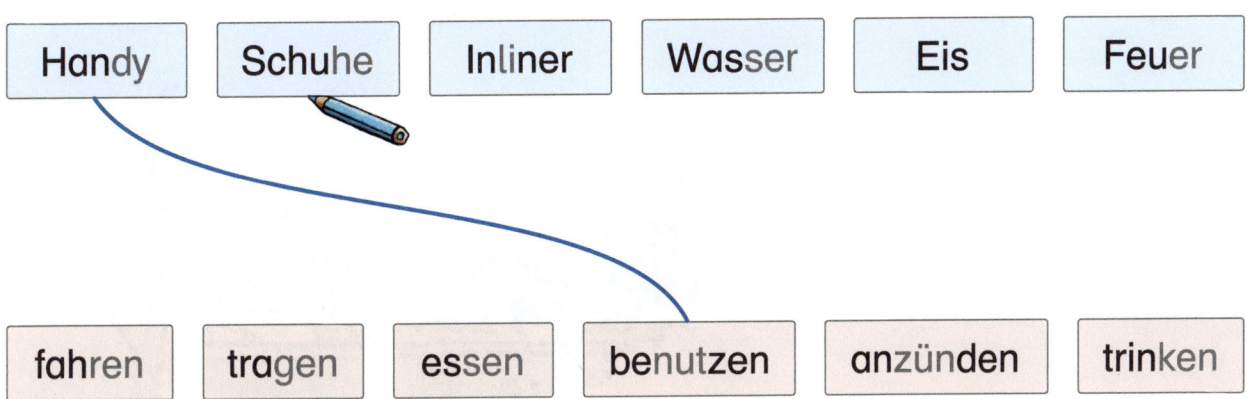

| fahren | tragen | essen | benutzen | anzünden | trinken |

② Schreibe Verbote zu den Schildern.
Die Wörter aus ① helfen dir.

Handy benutzen verboten!

Denke an das
Ausrufezeichen!

1 Lies und trage die Satzzeichen ein:

. , **?** oder **!** .

Im Schwimmbad

Mara ruft: „Wir springen vom Brett **!**

Wer traut sich ___ "

Lisa geht langsam zur Leiter ___

Sie steigt als Letzte hoch ___

Alle rufen durcheinander:

„Wer springt zuerst ___ "

„Lisa, hast du etwa Angst ___ "

„Los, spring doch ___ "

Lisas Herz klopft schnell ___

Sie springt ___

Die anderen Kinder staunen ___

Sie fragt: „Wer ist hier feige ___ "

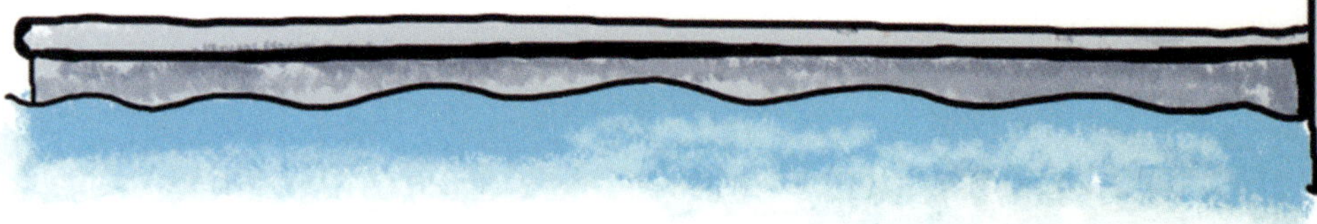

Lernportion 8: Sätze

Plenum: an Beispielen die unterschiedliche Betonung von Aussage-, Frage- und Ausrufesätzen verdeutlichen

D 11

1 Wir verwenden oft englische und französische Wörter.

a Verbinde die englischen Wörter
mit den deutschen Bedeutungen.

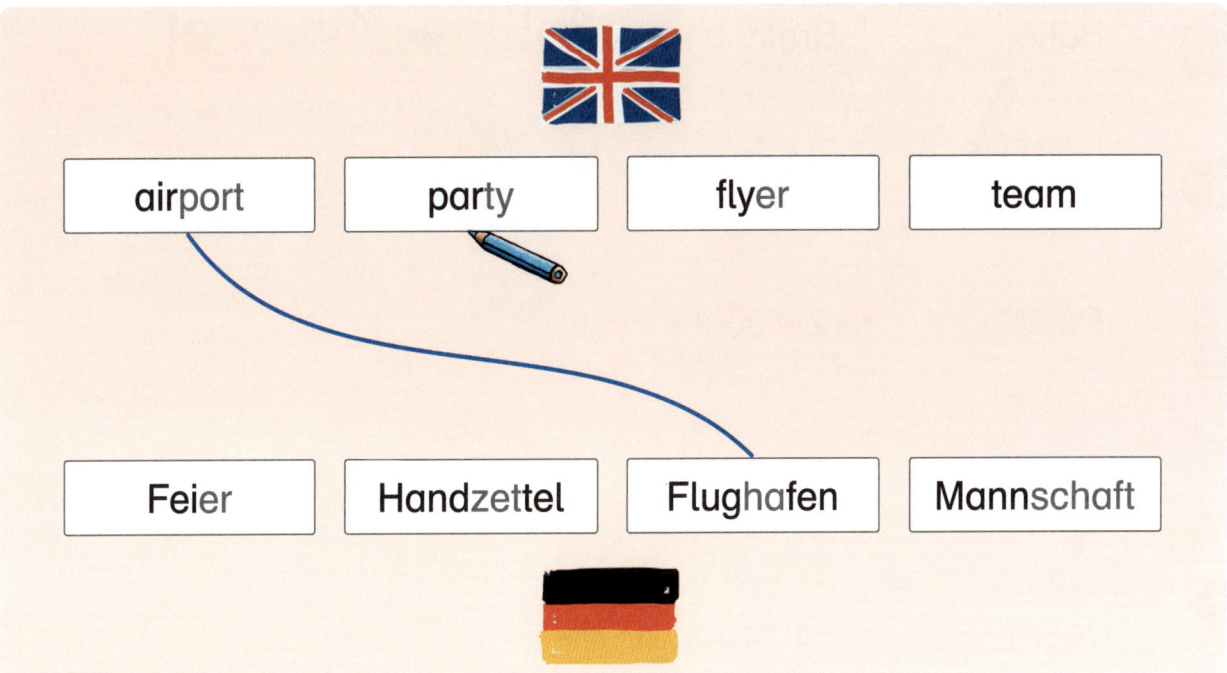

| airport | party | flyer | team |

| Feier | Handzettel | Flughafen | Mannschaft |

b Verbinde die französischen Wörter
mit den deutschen Bedeutungen.

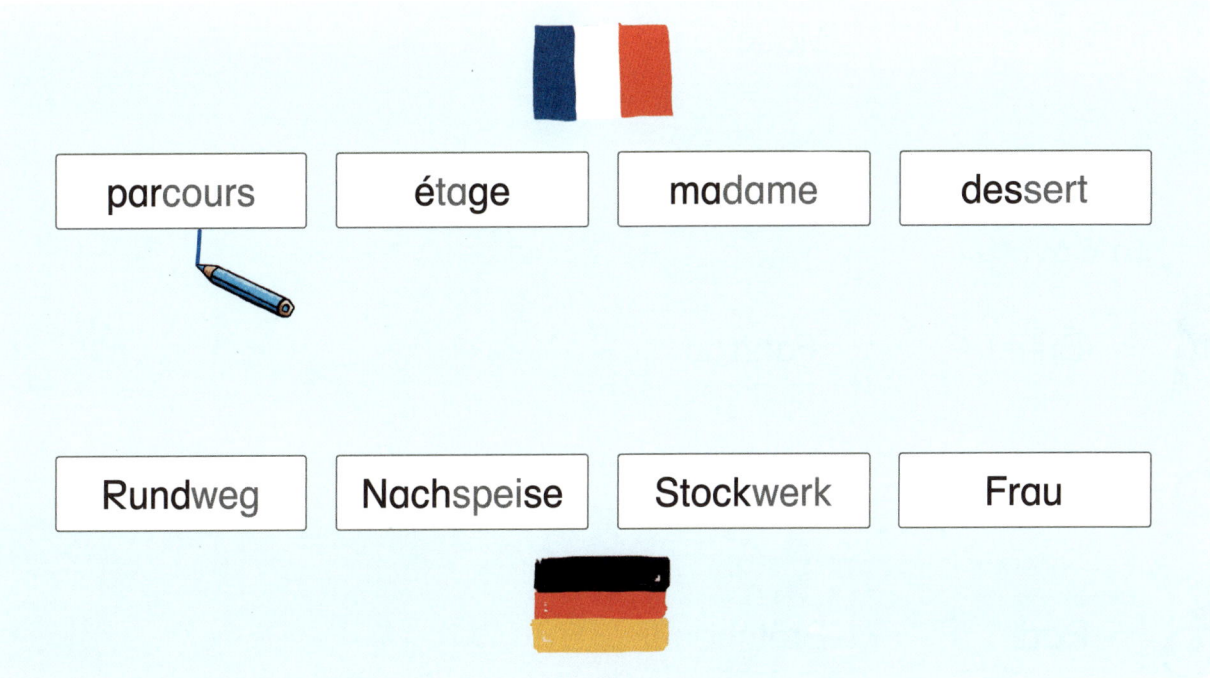

| parcours | étage | madame | dessert |

| Rundweg | Nachspeise | Stockwerk | Frau |

 AH 66

Lernportion 9: Entdeckungen bei Sprache und Schrift

Plenum: Wörter aus unterschiedlichen Sprachen vergleichen, Gemeinsamkeiten und Unterschiede beschreiben
MK-Tipp: Wörter in einem Internetwörterbuch suchen und Aussprache anhören

 51

 1 Menschen in Deutschland sprechen Dialekte.
Verbindet und schreibt die Wörter auf.

a In Berlin

| Bolle |
| Schrippe |
| Pulle |

| Brötchen |
| Flasche |
| Zwiebel |

Bolle – Zwiebel

---

b In Hamburg

| Deern |
| Schnack |
| Buddel |

| Gespräch |
| Flasche |
| Mädchen |

---

c In Bayern

| Bub |
| Semmel |
| Radl |

| Fahrrad |
| Junge |
| Brötchen |

Lernportion 9: Entdeckungen bei Sprache und Schrift

Plenum: Wörter aus verschiedenen Dialekten betrachten und vergleichen

1 Sieh dir die Tafel mit der arabischen Schrift an.

a	ا	h	ه	i, j	ک
e	ی	k	ك	t	ت
b	ب	l	ل	weiches S	ز
p	پ	m	م	scharfes S	س
d	د	n	ن	sch	ش
f	ف	o, u, v, w	و		
g	غ	r	ر		

Im Arabischen liest und schreibt man **von rechts nach links**.

 **2**

Da steht **Tina**.

1 Manchmal hat ein Wort zwei Bedeutungen.
Findet zu jedem Wort die beiden Bilder.

Hahn	Blatt	Löwenzahn

Schloss	Birne

> Wörter mit **zwei Bedeutungen** nennt man auch **Teekesselwörter**.

2 Male in **1** immer zwei Bilder
mit der passenden Farbe aus.

① Schreibe die Sätze richtig auf.

A

!etieS etztel eid tsi seiD ←•

Dies i

B

D	b	s	e	n	c	l	u	r	u	h
u	i	t	i	s	h	a	e	F	c	s	!

Du

Das bin ich.

L l
o a

C

A	B	C	D	E	F	G	H	I	J	K	L	M
1	2	3	4	5	6	7	8	9	10	11	12	13

N	O	P	Q	R	S	T	U	V	W	X	Y	Z
14	15	16	17	18	19	20	21	22	23	24	25	26

4 21   8 1 19 20   5 19   7 5 19 3 8 1 6 6 20 !

DU H

Themenheft 1
Sprachgebrauch und Sprache untersuchen und reflektieren

Herausgegeben von: Roland Bauer, Jutta Maurach

Erarbeitet von: Roland Bauer, Jutta Maurach, Martina Schramm
in Zusammenarbeit mit der Redaktion Grundschule Deutsch 2–4

Begutachtung: Astrid Dittberner (Niedersachsen), Susanne Gatniejewski (Sachsen)

Redaktion: Sabine Gerber, Milena Lemke

Illustration: Yo Rühmer, Frankfurt am Main

Umschlag: Cornelia Gründer, Corngreen GmbH, Leipzig (Gestaltung);
Yo Rühmer, Frankfurt am Main (Illustration)

Layout und
technische Umsetzung: lernsatz.de

www.cornelsen.de

1. Auflage, 1. Druck 2024

Alle Drucke dieser Auflage sind inhaltlich unverändert
und können im Unterricht nebeneinander verwendet werden.

© 2024 Cornelsen Verlag GmbH, Berlin

Druck: ppm Fulda GmbH & Co. KG, Fulda

ISBN 978-3-464-81366-9 (Themenheft 1, leicht gemacht, Verbrauchsmaterial)

PEFC-zertifiziert
Dieses Produkt stammt
aus nachhaltig
bewirtschafteten Wäldern,
Recycling und
kontrollierten Quellen

PEFC

PEFC/04-31-1308   www.pefc.de